Cómo dirigir reuniones de trabajo

SERIE MANAGEMENT EN 20 MINUTOS

Actualiza rápidamente tus competencias profesionales básicas. Tanto si buscas un curso intensivo como si solo pretendes repasar brevemente tus conocimientos, la SERIE MANAGEMENT EN 20 MINUTOS te ayudará a encontrar justo lo que necesitas, es decir, un conocimiento fundamental para profesionales ambiciosos o futuros ejecutivos. Cada uno de los libros es una breve y práctica introducción que te permitirá repasar una amplia variedad de temas indispensables para la gestión de negocios, y que, además, te ofrece los consejos (sencillos, útiles y fáciles de aplicar) de los académicos más prestigiosos.

Títulos de la colección:

Cómo crear un plan de negocio

Cómo gestionar tu tiempo

Cómo dirigir reuniones de trabajo

Finanzas básicas

Cómo ser más productivo

Cómo mantener una conversación difícil

Cómo gestionar la relación con tu superior

Cómo realizar presentaciones

Cómo colaborar virtualmente

Management Tips

Cómo dirigir equipos virtuales

Cómo liderar reuniones virtuales

Los 9 secretos de la gente exitosa

2O MINUTE MANAGER SERIES

Cómo dirigir reuniones de trabajo

Lidera con confianza

Avanza tu proyecto

Gestiona los conflictos

REVERTÉ MANAGEMENT (**REM**)

Barcelona · México

HARVARD BUSINESS REVIEW PRESS

Boston, Massachusetts

Cómo dirigir reuniones de trabajo
SERIE MANAGEMENT EN 20 MINUTOS
Running Meetings
20 MINUTE MANAGER SERIES

Copyright 2014 Harvard Business School Publishing Corporation
All rights reserved.

© **Editorial Reverté, S. A., 2021, 2022**
Loreto 13-15, Local B. 08029 Barcelona – España
revertemanagement@reverte.com

3ª impresión: octubre 2022

Edición en papel
ISBN: 978-84-17963-24-8

Edición ebook
ISBN: 978-84-291-9612-2 (ePub)
ISBN: 978-84-291-9613-9 (PDF)

Editores: Ariela Rodríguez / Ramón Reverté
Coordinación editorial y maquetación: Patricia Reverté
Traducción: Genís Monrabà Bueno
Revisión de textos: Mª del Carmen García Fernández

Impreso en España – *Printed in Spain*
Depósito legal: B 3197-2021

Impresión: Liberduplex
Barcelona – España

49

Prólogo

Una reunión puede ser una estrategia excelente para tomar decisiones, generar nuevas ideas o inspirar a un equipo, así como suponer una oportunidad única para demostrar tu liderazgo y tus habilidades para la organización, la motivación y la colaboración. Sin embargo, puede que no siempre enfoques las reuniones con la disciplina y atención que merecen, y que, como resultado, las cosas no salgan tan bien como deberían. Este libro te presenta las bases para que tus reuniones alcancen su máximo potencial; es decir, te ayudará a:

- Establecer un correcto orden del día.

- Elegir a los participantes idóneos y asegurarte de que asistan.

- Poner en práctica tu estrategia.

- Motivar a tu equipo.

- Gestionar con éxito las aportaciones de quienes participen de forma virtual.

- Resolver de forma adecuada los conflictos.

- Tomar decisiones.

- Garantizar que las decisiones tomadas en la reunión se pongan en práctica.

Contenido

Contenido

Cómo dirigir reuniones de trabajo

Cómo dirigir reuniones eficaces

Cómo dirigir reuniones eficaces

La mayoría de la gente ha asistido a muchas reuniones cuya organización deja mucho que desear. Por ejemplo, a veces se convoca una para tomar decisiones de importancia, pero su responsable no proporciona de antemano la información necesaria y al final solo algunos asistentes participan, porque los demás están ocupados revisando la documentación. También es posible que sí se cuente con toda la información, pero que no se haya convocado a quien lidera al equipo o departamento, a pesar de ser la única persona con autoridad para aprobar cualquier decisión. Quizá se haya organizado la reunión para hacer una tormenta de ideas, pero luego nadie tiene nada que aportar y el objetivo se diluye en cuanto la gente, distraída, se pone a mirar el móvil con disimulo. O tal vez en la reunión surjan muy buenas ideas, pero nadie se preocupe después de que prosperen, de que realmente se lleven a la práctica.

En general las reuniones improductivas, como las de los ejemplos anteriores, provocan frustración a sus participantes porque son una pérdida de tiempo. En cambio, las productivas constituyen una forma eficaz de comunicarse, resolver problemas, tomar decisiones, planificar un proyecto o inspirar a un equipo. Según sea la cultura corporativa de tu empresa, las reuniones pueden ser un espacio ideal para desarrollar todo tipo de actividades, incluso las de mayor calado.

Ahora bien, todo el mundo sabe que una reunión productiva no se logra solo con reunir a un grupo de gente en una sala; al contrario, son imprescindibles una preparación y un seguimiento adecuados. Sin embargo, con demasiada frecuencia se piensa que con tener una idea general del tema que se va a tratar es suficiente y que, a partir de ahí, se puede improvisar. Algo así como: «Este asunto podemos solventarlo con rapidez. Solo tenemos que reunirnos y hablarlo». Por eso muchas veces no se dedica el tiempo suficiente a considerar qué hace falta para que la reunión sea efectiva.

Así pues, una preparación correcta, una gestión activa y un adecuado seguimiento de tus reuniones puede marcar la diferencia entre una productiva, agradable y estimulante y otra en la que todo el mundo pierde el tiempo e incluso rehúye el contacto visual con los demás participantes. Esto es así sobre todo si las reuniones son de carácter urgente y cuyos resultados son cruciales. Por tanto, ten siempre en cuenta que el rigor y el tiempo invertidos antes, durante y después de una reunión será útil para tu equipo y también para ti, porque te permitirá comunicarte mejor, llegar a consensos, hacer las cosas bien y, como consecuencia, ganarte una reputación de líder productivo para la empresa.

Aunque este libro resultará útil en especial a quienes asumen solo ciertos niveles de liderazgo, aprender a dirigir una reunión es básico para cualquiera, sin importar su lugar en la jerarquía de la empresa. En este sentido, los autores del artículo titulado «Stop Wasting Valuable Time», publicado en 2004 en la *Harvard Business Review,* sostenían que tampoco los equipos directivos de las empresas rentabilizan lo suficiente sus reuniones, porque dedican menos del 15 % del tiempo que duran esas reuniones a tratar cuestiones fundamentales para la planificación estratégica. Por consiguiente, tanto si lideras un equipo y quieres mejorar su productividad como si no tienes experiencia alguna en el tema, este libro te ayudará a aprender con rapidez los pasos que has de dar para garantizar el éxito de tus reuniones.

Cómo planificar una reunión

Cómo planificar una reunión

Cualquier reunión tiene muchas más probabilidades de éxito si sabes cuál es tu objetivo, cómo organizarás el orden del día, quiénes serán los participantes, de qué modo garantizarás que asistan y estén bien informados, y cómo coordinarás el desarrollo de la propia reunión.

Cierto es que no todas las reuniones requieren mucha preparación. En algunos casos, al empezar a planificar te darás cuenta de que no es necesaria tal planificación. Pero tampoco olvides que dirigir una reunión es cuestión de método: si siempre te tomas un tiempo para repasar los fundamentos de una buena preparación, entonces sabrás qué puedes esperar de ella, desarrollarás una rutina para calcular cuánto trabajo tendrás que hacer en el futuro y, por supuesto, lograrás tus objetivos sin mayores sobresaltos.

¿Cuál es el motivo de la reunión?

Esto puede parecer una obviedad, pero lo primero que debes saber es la razón por la que convocas la reunión, ya que es lo que da impulso a todo lo demás, incluyendo la planificación del orden del día, la lista de asistentes y el momento y lugar adecuados.

Cuando pienses en el motivo de la reunión, intenta especificar al máximo. ¿Tu intención es generar una tormenta de ideas? Y si es así, ¿con qué objetivo? ¿Quieres hacer una simple sesión informativa para tu equipo? En ese caso, ¿para informar sobre qué exactamente? ¿Acaso debes reunirte para resolver un problema? Pero ¿cuáles son las expectativas al respecto?: ¿debes encontrar una solución inmediata o puedes postergar la decisión y esperar un poco? ¿Tu propósito es reunir al equipo para asignar roles y responsabilidades, fomentar el trabajo conjunto o, simplemente, tomar una decisión?

Por ejemplo, si organizas una reunión con todo el personal involucrado en el «Plan especial de generación de ingresos» de la empresa, pero no tienes claro si el objetivo es revisar el estado del proyecto, generar nuevas ideas para acelerar el proceso o reorganizar la carga de trabajo (por petición expresa de uno de los trabajadores), lo más seguro es que cada asistente, incluyéndote a ti, llegue a la reunión con una idea distinta al respecto. En ese caso, el resultado nunca será positivo, porque, se desarrolle como se desarrolle la reunión, siempre habrá un buen porcentaje de gente que salga de ella insatisfecha.

Si, en lugar de eso, comunicas al equipo que el propósito de la reunión es tomar una decisión sobre la reorganización de la carga de trabajo, es más probable que solo asista el personal interesado en tratar esa cuestión y que, además, está capacitado y motivado para dar su opinión sobre las distintas opciones, así como para respaldar las decisiones que se tomen. Por tanto, conocer el objetivo de una reunión es determinante para planificarla.

Si deseas preparar un tipo concreto de reunión, te recomendamos consultar, unas páginas más adelante, el epígrafe titulado «Cómo dirigir distintos tipos de reunión».

Elabora el orden del día

Una vez que sepas el propósito de tu reunión, debes preparar un programa adecuado.

Temas del orden del día

Enumera, en primer lugar, los puntos que se deben tratar para cumplir el objetivo de la reunión, tanto si se trata de una tormenta de ideas como del debate sobre un tema en particular o una presentación informativa.

También es buena idea que reserves algo de tiempo para hacer una breve introducción que te permita resumir y poner en contexto el motivo de la sesión. Puede ser algo así como: «La última vez que nos reunimos, necesitábamos calcular el presupuesto para este proyecto. Ahora que ya lo tenemos...». La elaboración de un orden del día adecuado también tiene en cuenta este tipo de protocolos para que no se desperdicie tiempo al tratar el motivo de la reunión.

Una vez establecidos los puntos del orden del día, decide cuánto tiempo se dedicará a cada uno. Quizá algunos de los asistentes tengan ciertas restricciones horarias que limiten la duración de la reunión, pero en cualquier caso hay que intentar que esta sea breve. Lo ideal para la mayoría de las reuniones es que oscilen entre media hora y dos horas; muy pocas personas pueden mantener la atención sentadas en una silla más allá de dos horas. La duración idónea es una hora (y mucho mejor si son 55 minutos porque, de este modo, los asistentes tendrán cinco minutos para llegar a la siguiente reunión o compromiso fijado). Por tanto, las reuniones que se prolongan durante media jornada laboral (o incluso el día entero) deberían reservarse para eventos muy especiales, como una sesión formativa de carácter semestral o alguna actividad lúdica o motivacional que tenga lugar fuera del lugar de trabajo.

Por otro lado, y en relación con esto, intenta ser realista y no sobrestimar la cantidad de asuntos que se pueden tratar en una sesión; así garantizarás contar con tiempo suficiente para abordar las cuestiones de mayor relevancia.

Cómo secuenciar los temas en el orden del día

Bien, ya has decidido los puntos que se van a tratar y has fijado un tiempo máximo para cada uno. Es el momento de organizar la transición de un tema a otro. Por ejemplo, no tiene mucho sentido discutir el presupuesto de un proyecto sin antes estimar su duración o su alcance. Ten en cuenta, además, que el resto de los participantes no siempre tendrán el mismo conocimiento del asunto que tú; por eso es necesario que separes y organices los elementos por tratar para que tengan sentido.

A continuación, te presentamos un ejemplo de planificación de esa secuencia, orientada a que el ritmo y la energía de la reunión sean los adecuados:

- Si el orden del día es complejo, plantéate empezar con los asuntos más sencillos para después pasar a los más controvertidos.

- Organiza los temas por su naturaleza. Es decir, no mezcles la presentación de información con la resolución de un problema, la toma de decisiones o la generación de nuevas ideas. Por ejemplo, si uno de los aspectos por tratar es la asignación, por parte del CEO, de una tarea compleja a un equipo, introduce este tema en primer lugar, presentándolo en el orden del día como «nuevas asignaciones» o similar. Luego se puede abordar el reparto de la carga de trabajo entre los miembros del equipo y, más adelante, discutir la organización de los aspectos específicos del proyecto y establecer un calendario, etiquetando este tema, por ejemplo, como «actividades y calendario de trabajo».

- Organiza los asuntos de forma progresiva. Así, si el objetivo de la reunión es tomar decisiones para el diseño final de un nuevo producto, tal como advertimos en el punto anterior, tendrás que facilitar primero a los asistentes la información necesaria acerca del proyecto, antes de empezar a organizar el calendario de trabajo.

- Divide los asuntos complejos en unidades más pequeñas. Es decir, si el propósito de la reunión es determinar el siguiente paso en el diseño de un nuevo producto, fragmenta ese tema general en distintas partes: qué *feedback* debe tenerse en cuenta, qué consecuencias podrían tener las distintas opciones de diseño o cuales serán las limitaciones de presupuesto y tiempo.

- Para las reuniones con pocos participantes, el orden del día puede ser hasta cierto punto flexible; pero, sobre todo en el caso de grupos grandes, cuanto más estructurada esté la sesión mejores serán los resultados.

- De cara a las reuniones largas (como jornadas de formación o talleres), presenta los temas más complejos cuando los participantes estén más concentrados, nunca justo antes o después de las comidas ni a primera hora de la mañana, cuando aún no han tenido tiempo de situarse.

Asignación de temas del orden del día a los asistentes

En cuanto al modo de abordar los temas del orden del día, puedes asumir la moderación del debate sobre todos ellos o asignar la responsabilidad de cada uno a un participante, teniendo en cuenta que sea una persona adecuada para ello (y, por supuesto, infórmales al respecto con suficiente antelación).

En el caso de que coordines tú la discusión sobre un tema en concreto, tómate antes un tiempo para pensar qué es lo fundamental, qué opiniones buscas o cómo estimularás a la gente para que aporten nuevas ideas sobre esa cuestión. No es necesario que hagas esto mientras preparas el orden del día, pero sí, en cualquier caso, antes de la reunión.

FIGURA 1

Ejemplo de orden del día de una reunión

Orden del día	Responsable	Tiempo asignado
Presentación de la importancia del «Plan especial de generación de ingresos» y de las responsabilidades de los miembros del equipo en el proyecto	Emily	5 minutos
Análisis de las responsabilidades actuales de los miembros del equipo	Lisa	5 minutos
Discusión sobre el posible cambio de responsabilidades de los miembros del equipo	Lisa	10 minutos
Análisis de los diferentes enfoques	Lisa	15 minutos
Elección de un enfoque determinado	Jack	15 minutos
Siguientes pasos	Emily	5 minutos

Motivo de la reunión: *reorganizar la carga de trabajo del «Plan especial de generación de ingresos».*

Objetivo: *desarrollar un programa para modificar las responsabilidades de los miembros del equipo.*

Participantes: *Emily, Lisa, Jack, Chris, Angela y Steve.*

Ubicación: *sala de conferencias de la quinta planta.*

Fecha y hora: *2 de enero, de 2:00 a 2:55 p. m.*

En la Figura 1 se muestra un ejemplo de orden del día. Puedes enviar este documento junto con la convocatoria —para que los participantes sepan cómo se desarrollará— o facilitárselo justo antes de empezar, y así todo el mundo lo tendrá delante durante la reunión.

Cómo seleccionar a los asistentes idóneos

Puede que creas que convocar a muchas personas a una reunión es la mejor opción. Es cierto que, haciéndolo así, no tienes que elegir entre los miembros del equipo, evitas responsabilidades y consigues que todo el personal esté al corriente de los resultados y no tengas que darles la información por separado. O tal vez pienses que lo más práctico es limitar al máximo el número de asistentes: convocas a un pequeño grupo de personas cuya opinión es clave y... problema resuelto.

En cualquiera de esos dos casos, te equivocas. Para organizar una reunión productiva, lo ideal es convocar solo a las personas adecuadas según los temas que se vayan a tratar. Si el número de asistentes es muy alto, te resultará difícil que todos presten atención y cumplan con sus responsabilidades. En cambio, si la audiencia es muy reducida, es posible que sea difícil tomar las decisiones correctas u obtener la información necesaria.

Cuando elabores la lista de asistentes, plantéate cuestiones como quién te ayudará a alcanzar el objetivo de la reunión y quiénes se verán más afectados por su resultado. Lo más probable es que se trate de una combinación de individuos que te ofrezcan puntos de vista distintos. Tómate, pues, el tiempo necesario para preparar una lista de cada categoría y así incluir a las personas idóneas:

- Por un lado, los responsables de tomar decisiones sobre el tema en cuestión.

- También los miembros del personal que tienen la información y el conocimiento sobre los asuntos que se van a tratar.

- Las personas que están implicadas en los temas de la reunión o las que están interesadas en ellos.

- Además, quienes necesiten conocer los resultados de la reunión para hacer su trabajo.

- Por último, cualquier persona que deba poner en marcha las resoluciones que se adopten.

Si lo necesitas, consulta con otras partes interesadas si tu lista es correcta. A menudo, una visión externa puede aportar una perspectiva que no habías considerado.

El número correcto de asistentes

De todos modos, que alguien figure en la lista de asistentes a una reunión no significa que sea indispensable para llevarla a cabo. Entonces, ¿a cuánta gente deberías convocar? Bien, no existe una respuesta única para esto, pero una reunión con pocos asistentes suele ser mucho más provechosa si el objetivo es tomar decisiones. En cambio, para hacer una tormenta de ideas es mejor un grupo más numeroso. En el otro extremo se encuentran las reuniones informativas, donde la audiencia puede ser tan amplia como se desee. Algunas personas usan para esto *la regla 8-18-1800*:

- Si debes resolver un problema o tomar una decisión, nunca convoques a más de 8 personas; con más es posible que aparezcan conflictos difíciles de gestionar y que te impidan cumplir tu objetivo.

- Si pretendes hacer una tormenta de ideas, puedes convocar hasta 18 participantes.

- Si el propósito de la reunión es informar sobre el estado de un proyecto, convoca a cuantas personas sean necesarias. No obstante, si es necesario que todos los asistentes participen de forma activa, limita el número a 18 o menos.

- Por último, si el fin es simplemente reunir al personal de la empresa para dar una información general o «pasar revista», entonces puedes convocar a cuantos creas conveniente, es decir, 1800 asistentes o incluso más.

Es importante en cualquier en caso tener en cuenta que, si decides *no* convocar a las personas afectadas por las decisiones que se tomen en la reunión, has de pensar en cómo comunicarles los resultados más adelante.

Asignar responsabilidades

Otorgar un papel relevante en la reunión a los participantes que consideres imprescindibles es una manera idónea de fortalecer su compromiso y hacerles saber que valoras su opinión; además de asegurar su asistencia, claro. Es evidente que tú eres la persona responsable de organizar la reunión: te encargarás de establecer el motivo para su celebración, marcar objetivos, tener en cuenta posibles limitaciones y asumir la autoridad en su desarrollo y en el posterior seguimiento de sus resultados; pero existen otras muchas responsabilidades que puedes delegar; por ejemplo, las de:

- *Moderador/a:* es la persona encargada de coordinar y dirigir al grupo durante los debates, la resolución de problemas y la toma de decisiones. También puede encargarse de la logística anterior y posterior a la reunión. Se trata de un papel adecuado para alguien que pretenda adquirir experiencia en puestos de liderazgo, pero que todavía no está preparado para ser líder. El puesto es relevante, sin duda, pero es imprescindible que quien lo asuma sea neutral durante toda la reunión. También es una buena forma de generar consenso. Resulta básico que tú, como responsable, comuniques a los moderadores qué necesitas de ellos: sobre todo que no tomen partido en las decisiones y que respeten todos los puntos de vista. La mayoría de las personas puede desempeñar esta función sin tratar de imponer su propia perspectiva ni limitar las aportaciones relevantes.

- *Secretario/a:* es la persona que levanta acta, es decir, registra los puntos clave que se han tratado, las ideas surgidas y las decisiones adoptadas. Con todo ello elabora después un acta, no necesariamente detallada, a menos que sea un requisito legal (la realidad es que muy poca gente dispone de tiempo para leer un acta completa). Es conveniente asignar esta función a otra persona para que tú puedas usar esas notas en el seguimiento posterior. La responsabilidad de levantar acta está indicada en especial para perfiles tímidos, pero con gran interés por participar.

- *Colaborador/a:* su cometido consiste en intervenir de forma activa en la reunión, aportando ideas y ayudando a encauzar los debates. Cuando asignes esta función a alguien, explícale que esperas que mantenga el ritmo de la discusión y contribuya a ella con información sobre determinadas cuestiones. Por ejemplo, podrías proponerle algo así: «Katherine, soy consciente de que estás muy implicada en el diseño de nuestro nuevo portal de internet. ¿Puedes garantizar que en la reunión se aborden todos los temas importantes relacionados con este asunto?».

- *Experto/a:* su papel es compartir con el resto de asistentes sus conocimientos sobre determinados aspectos de interés. Una ventaja de este rol es que se puede limitar su presencia en las reuniones al momento preciso en que tenga que intervenir. Por ejemplo, si uno de los objetivos de la reunión es incrementar la eficacia del teletrabajo en la empresa, puedes pedir al responsable de informática que esté presente durante los 10 minutos que dedicarás a ese tema.

- *Controlador/a de tiempo:* como su propio nombre indica, es la persona responsable de controlar el tiempo dedicado a cada asunto del orden del día; además, se encarga de facilitar la transición de un tema a otro. Tampoco hace falta que programe una alarma cada cinco minutos, pero sí podrías pedir a esa persona que te avise cuando quede poco tiempo para finalizar la reunión o si se excede el tiempo estipulado para cada tema del orden del día.

Cualquiera que asista a una reunión puede asumir más de una función. Por ejemplo, si tú la organizas también puedes ocuparte de moderar las discusiones. En otras palabras, no en todas las reuniones debe haber un responsable diferente para cada función; sería un poco absurdo, por ejemplo, que alguien se ocupara de levantar acta en una reunión informal de tres o cuatro personas.

Recuerda, en cualquier caso, que las funciones previstas debes delegarlas antes de comenzar la reunión y confirmar que cada responsable conoce su cometido de antemano.

Cómo hacer una convocatoria adecuada

Quizá no parezca importante, pero decidir dónde y cuándo se celebra una reunión y cómo se convoca a sus participantes puede influir de forma directa en sus resultados.

Elegir un lugar apropiado

Cuando organices una reunión, elige siempre un espacio propicio para el tono que quieres que tenga. Por ejemplo, ¿tu intención es celebrar una reunión informal e íntima? Pues escoge una sala pequeña y coloca las sillas en círculo para que los asistentes puedan verse con facilidad. ¿Quieres, en cambio, que la reunión sea más formal? En este caso, una sala de conferencias es mejor opción; procura que haya suficiente espacio para el grupo, sin estar abarrotada ni contener elementos que distraigan a los asistentes.

¿Alguien asistirá a la reunión a distancia? Entonces es fundamental disponer de un buen sistema de audio y una acústica adecuada, para que participe en las mismas condiciones que los asistentes presenciales. Comprueba, además, que la sala esté dispuesta de forma que esa persona pueda ver a la mayoría de los participantes. Se trata, en definitiva, de que te pongas en el lugar de cada asistente con el fin de garantizar que el espacio es adecuado para celebrar la reunión.

Elegir el momento adecuado

Es primordial también consultar con los participantes sus posibles conflictos de agenda u otros compromisos que podrían impedirles la asistencia en el último momento.

Si en tu empresa se organizan muchas reuniones, encontrar el momento adecuado para que todo el mundo pueda acudir será complicado, en especial si se prevé convocar a mucha gente. De todas formas, siempre que exista cierto margen de maniobra lo ideal es evitar programar una reunión en las siguientes franjas horarias:

- La media hora libre de la jornada laboral.

- El viernes a última hora, pues el personal tendrá ya la mente puesta en el fin de semana.

- El día antes de un puente o de las vacaciones de alguno de los asistentes, porque es un momento que la mayoría de la gente dedica a cerrar tareas pendientes.

- Nada más empezar la jornada, antes de que los asistentes hayan tenido tiempo siquiera de tomar un café; o al final del día, cuando la gente ya está muy cansada.

- A la hora de comer; no obstante, se puede programar en ese momento si en la reunión hay comida para los asistentes.

Piensa cuál es tu momento de mayor rendimiento durante la jornada laboral: ese será el mejor para convocar una reunión.

Enviar la convocatoria

Una vez que hayas decidido quiénes asistirán a la reunión, así como el momento y el lugar adecuados, el siguiente paso es enviar la convocatoria.

Lo ideal es convocar de forma personal a cada asistente. Aun así, si crees que alguien puede olvidarse o que le surja otra reunión en el último momento, inclúyela también en el calendario de la empresa. Asegúrate, además, de que todos los asistentes conozcan el propósito de esa sesión; si ven que está bien organizada, no dudarán en acudir.

Organizar reuniones periódicas

Las reuniones periódicas requieren mucha más atención que las puntuales. En primer lugar, piensa si es necesario celebrarlas, porque si carecen de propósito acabarás perdiendo la atención y el compromiso de los asistentes. Ahora bien, si las consideras imprescindibles, define con claridad tanto su propósito general como el de cada sesión.

Al menos en la primera de estas reuniones, ten la consideración de convocar de forma personal a cada participante. Luego, durante la sesión, explica por qué es necesario que se repita y con qué frecuencia lo hará.

Destaca también la importancia de asistir a las sucesivas reuniones, ya que, como la gente sabe que no tardará en haber otra, a veces antepondrán ciertas cuestiones personales a su asistencia.

Es posible que quieras considerar la asistencia opcional de algunas personas. Si en alguna ocasión esas personas son necesarias para una sesión en particular, deberás proporcionarles información con antelación para que asistan a la hora programada.

Tras esa primera sesión, programa la siguiente en el calendario del equipo y no olvides mandar recordatorios. En realidad, las reuniones periódicas suelen resultar complicadas de programar, porque no todo el mundo dispone del mismo tiempo ni tiene los mismos horarios. En cualquier caso, elige el mejor momento para convocarla: si está prevista para las 9:00 de la mañana es más probable que la mayoría pueda asistir que si se celebra, pongamos por caso, a las 13:30 horas de la tarde, ya que a la hora de la comida es más probable que se hayan acumulado tareas pendientes o se alarguen reuniones previas.

Rematar los detalles de la reunión

No creas que una vez que hayas enviado la convocatoria tu trabajo ha terminado; al contrario, es probable que aún debas retocar algunos detalles de la reunión, así como hacer seguimiento de los asistentes y de cualquier material que necesiten revisar con antelación.

Preparar la logística

Dispón de un portátil en la sala para que participen algunas personas por vía telemática o, si es necesario, para organizar una videoconferencia durante la reunión. Si se presenta algún problema técnico, quizá no dé tiempo para tratar todos los puntos del orden del día, lo cual repercutirá en la motivación de los asistentes. Además, las dificultades técnicas no ayudan precisamente a empezar con buen pie.

De modo que, para evitar problemas de última hora, verifica previamente que la sala está disponible y los equipos y recursos necesarios funcionan.

Cómo distribuir la documentación

Si el éxito de la reunión depende de cierto material o información que debe conocerse de antemano, está claro que tendrás que enviarlo con antelación. Si repartes la documentación al comienzo de la sesión, los participantes solo podrán prestar parte de su atención a la propia reunión, porque el resto la estarán dedicando a consultar los materiales.

El momento adecuado para enviar dicha documentación también es fundamental. Por ejemplo, no envíes la que sea de lectura obligada 10 minutos antes de empezar; hazlo con la antelación suficiente como para que los asistentes tengan tiempo de revisarla. Pero tampoco mucho tiempo antes, porque la gente puede pensar que *tendrá tiempo de verla más adelante.* El mejor momento es uno o dos días antes de la reunión. Además, cuando envíes la documentación, deja claro que la información que contiene es clave para el desarrollo de la sesión.

Al empezar, di que esperas que todo el mundo haya leído los materiales que les proporcionaste y procede acorde con la información que figura en ellos. Y ten en cuenta que los participantes que no dispongan de la misma información que los demás pueden caer con facilidad en conversaciones privadas o distraer a sus compañeros. (Para solventar este tipo de problemas, consulta el epígrafe «Qué hacer cuando una reunión bien planificada va mal», que aparece más adelante en este libro).

Por último, predica con el ejemplo; es decir, dedica tiempo tú también a preparar los temas que se van a tratar y revisa toda la documentación que has mandado. No pierdas el rumbo de la conversación aclarando informaciones que deben darse por sabidas. Y, por supuesto, recuerda a los responsables de los otros temas del orden del día que hagan lo mismo. Dirigirás mucho mejor un debate si conoces la información relevante que pueden aportar o discutir los demás participantes.

¿Realmente es necesario celebrar una reunión?

Nunca dejes de preguntarte si esa reunión es imprescindible. Afrontémoslo, a la mayoría de la gente no le hacen especial ilusión las reuniones de trabajo. Aunque, si tiene ritmo y resulta productiva, puede resultar atrayente y para algunos incluso suponer un descanso en medio de su rutina laboral, la realidad se impone: se organizan demasiadas reuniones. Así que nunca convoques una sin un propósito claro y si existen formas alternativas de cumplir tus objetivos.

En concreto, es mejor no convocar una reunión en los siguientes casos:

- Si no tienes tiempo para prepararla. Puede parecer obvio, pero a menudo se pasa por alto.

- Si con otro método de comunicación, como un correo electrónico, una conversación telefónica o un mensaje de texto puedes obtener idénticos o mejores resultados. Por ejemplo, si quieres informar a tus superiores de que tu equipo acaba de conseguir un cliente importante, envíales un correo electrónico en lugar de convocar una reunión. Al fin y al cabo, tu objetivo es comunicar con rapidez la noticia y un correo te permite brevedad y concisión.

- Si el asunto por tratar no es relevante para los demás. Por ejemplo, imagina que descubres que un proveedor te ha facturado de más (aunque sean cantidades pequeñas) en varios pedidos recientes. En un caso así, puedes afrontar mejor la situación llamando al departamento comercial e informándoles de los errores que has detectado en los pagos. No vale la pena que todo el equipo discuta cómo resolver este problema.

- Si los miembros de tu equipo están molestos por algún conflicto u otro tipo de dificultad y necesitan un tiempo de reflexión para ser capaces de abordar la situación.

- Si el asunto por tratar tiene que ver con la gestión del personal y es mejor abordarlo de forma individual; por ejemplo, recopilando información sobre los errores de procedimiento de un trabajador.

- Si es necesario consultar la opinión de muchas personas. Entonces lo mejor es hacer una encuesta electrónica; resulta más ágil, aporta más información y, además, numerosos estudios han demostrado que cuando la gente tiene que dar su opinión en el seno de un grupo, muchas personas sufren la denominada «mentalidad de manada», que provoca que las mejores ideas, las más creativas, se diluyan en la opinión de la mayoría, porque nadie quiere desviarse de la norma o alterar el *statu quo*.

La hoja de verificación de la planificación

¿Sabes si has revisado todos los aspectos clave antes de la reunión? En las páginas siguientes podrás verificar si es así y has planificado tu reunión de forma correcta.

Una de las cuestiones principales es haber preparado con cuidado la documentación necesaria; si lo has hecho, ya tienes la mitad del camino recorrido para que la reunión sea un éxito. Pero hay más cosas que se deben tener en cuenta; todas figuran en la llamada «hoja de verificación».

HOJA DE VERIFICACIÓN

☐ ¿Tienes claro el propósito específico de la reunión?

☐ ¿Sabes con seguridad que es necesaria?

☐ ¿Has establecido un orden del día preliminar?

☐ ¿Has elegido a los participantes idóneos y repartido responsabilidades?

☐ ¿Sabes dónde y cuándo se celebrará la reunión y has comprobado la disponibilidad del espacio?

☐ ¿Has enviado la convocatoria, incluyendo el lugar y la hora de la reunión?

☐ ¿Has enviado el orden del día a los participantes?

☐ ¿Les hiciste llegar con antelación la documentación para la reunión?

☐ ¿En caso necesario, has hecho un seguimiento de asistencia?

- ☐ ¿Tienes claro cómo se tomarán las decisiones durante la sesión?

- ☐ ¿Has preparado el equipamiento y los recursos necesarios y verificado su funcionamiento?

- ☐ ¿Has terminado el orden del día y lo has entregado a todos los asistentes?

- ☐ ¿Has comprobado que los participantes en los que has delegado responsabilidades asistirán a la reunión y saben cuál es su papel?

- ☐ Tú mismo, ¿estás preparado?

Cómo dirigir
una reunión

Cómo dirigir una reunión

Aunque estés perfectamente preparado, no puedes esperar que tu fantástica orden del día garantice que todo saldrá a pedir de boca. Un buen líder necesita mantener el rumbo de la reunión de forma activa.

Los mejores líderes son capaces de desempeñar distintos papeles en una reunión y mantener, al mismo tiempo, su autoridad. Para fomentar las contribuciones de los asistentes y mantener el equipo activo, deberías poder asumir distintos roles durante una sesión, como, por ejemplo, el de abogado del diablo, el de creador de consensos, el de animador o incluso el de bromista.

Empezar la reunión

Desde el instante en que entras a la sala, desempeñas el papel de líder. Así que actúa como tal desde el principio. Lo primero que debes dejar claro es que esta reunión es necesaria; además, muestra tu confianza en que resultará organizada, colaborativa y productiva, e incluso, si es posible, entretenida.

Empieza con puntualidad

La puntualidad es básica. Aunque falten por llegar algunos participantes, comienza la sesión a la hora prevista. Cuando lleguen y descubran que se han perdido algunos puntos importantes, lo tendrán en cuenta para la próxima vez. Nunca vuelvas a empezar ni esperes hasta que llegue todo el mundo; supondría quitar importancia a la puntualidad y además una falta de respeto para quienes han llegado a tiempo. Siempre puedes hablar con los rezagados más tarde y aclararles lo que haga falta, pero nunca uses el tiempo de los demás para compensar una falta de puntualidad.

La presentación

Al empezar, haz una breve introducción para asegurar que el grupo tiene claro el orden del día, los objetivos y los resultados que se esperan de la reunión. Si los participantes no se conocen entre sí, dedica también un momento a las presentaciones: nombre de cada persona, departamento al que pertenece y cuál es su papel en la reunión o en el proyecto. También, si hay gente que no está familiarizada con el proyecto, ponles en contexto: explica qué se ha hecho hasta ahora y de qué modo esperas que esta reunión contribuya a alcanzar sus objetivos.

Fija unas normas básicas

No es necesario que dediques mucho tiempo a esto, pero hacerlo siempre es útil para dejar claro que un reunión eficiente pasa por mantener el orden. A continuación, exponemos cuáles pueden ser algunas de estas reglas:

- Empezar y acabar la reunión con puntualidad.

- Contar con la participación de todos los asistentes y estar abierto a nuevas ideas.

- Escuchar el punto de vista de los demás y establecer unos límites para las interrupciones.

- Fijar la manera en que se tomarán las decisiones. En este sentido, haz saber al grupo desde el principio si se trata de una reunión para tomar decisiones en equipo, conocer nuevos puntos de vista o exponer una decisión que ya se ha tomado.

- Exponer tu política sobre la multitarea y el uso de dispositivos electrónicos (para más información, consulta el epígrafe «Cómo gestionar la multitarea durante la reunión»).

Quizá sea necesario, además, que establezcas otras normas para tratar algún tema específico. Por ejemplo:

- Explica los imprevistos que pueden darse en cada caso. Cosas como determinadas decisiones de la dirección, la política de empresa o el presupuesto tienen el poder de limitar el alcance de las decisiones del grupo.

- Determina en quién recaerá la responsabilidad última de tomar las decisiones para cada tema, en especial si esa persona no se encuentra en la reunión (por ejemplo, si es el CEO o el jefe de departamento).

Recuerda, en cualquier caso, que estas normas deben tener en cuenta las limitaciones de tiempo, el tamaño del grupo y los objetivos de la reunión; tampoco es conveniente ser demasiado estricto o formal.

Cómo desarrollar el orden del día

Fijar el programa de una reunión y llevar a cabo el resto de preparativos no es, desde luego, una tarea fácil. Por lo tanto, una vez que hayas empezado es fundamental que no te desvíes del rumbo marcado. Si sigues el plan establecido podrás controlar hacia dónde se dirige la reunión y los participantes saldrán de ella satisfechos. Esto no quiere decir que respetar el orden del día sea siempre sencillo; tendrás, por ejemplo, que reservar un tiempo para escuchar el punto de vista de todos los asistentes, porque después de todo para eso los has convocado.

Cómo mantener un ritmo adecuado

Aunque te encuentres en medio de un acalorado debate, no pierdas de vista el tiempo ni el orden del día. Puedes probar con distintas estrategias, desde tratar la cuestión con naturalidad —haciendo algo tan simple como pedir a los asistentes que levanten la mano cuando quieran hablar— hasta desarrollar un método más creativo. Por ejemplo, en una empresa pusieron en práctica lo siguiente: dibujaron círculos rojos, amarillos y verdes en una cartulina y los pegaron en palitos de plástico. Entonces, si la persona que tenía la palabra no estaba segura del tiempo que tenía, miraba al responsable de gestionarlo y este levantaba la cartulina del color correspondiente —la verde indicaba que iba bien de tiempo; la amarilla, que le quedaban cinco minutos; y la roja, que terminara cuanto antes—. Al principio la gente no se lo tomó en serio, pero enseguida vieron que funcionaba muy bien para mantener el ritmo de la reunión.

Otra cuestión importante es que, a medida que avance la reunión, repases y resumas los progresos. Puedes anotar en una pizarra las ideas que hayan ido surgiendo (consulta el epígrafe siguiente, «Cómo usar una pizarra de forma adecuada»). También, cuando el grupo se haya puesto de acuerdo sobre un tema, dale importancia a este hecho y sigue adelante. Es fundamental reconocer el valor de los acuerdos, porque refuerza la unión del grupo y evita regresar a cuestiones que ya han sido resueltas. Subraya, además, las transiciones de un asunto a otro y haz breves pausas para recordar el punto del orden del día que se está tratando.

CÓMO USAR UNA PIZARRA DE FORMA ADECUADA

Para registrar las ideas o puntos de vista aportados durante una reunión tienes a tu disposición distintas herramientas; la más común si todos los participantes están en la misma sala es una pizarra, pero las nuevas tecnologías también ofrecen soportes útiles para este fin y que son compatibles con la asistencia virtual de algunas personas. Por ejemplo, compartir un documento a través de Evernote o Google Docs permite ir apuntando ideas que se comparten en tiempo real con todo el grupo. Este tipo de herramientas, además de fomentar la participación —ya que todo el mundo, incluidos los asistentes en remoto, ve que se consideran sus aportaciones—, ayuda a registrar los puntos tratados o las decisiones tomadas en un formato fácil de gestionar.

A continuación, presentamos algunas sugerencias a este respecto:

- Deja a la vista lo que hayas registrado durante la reunión y compártelo al final con el resto de asistentes.

Si estás usando una pizarra física, hazle una foto y mándala al grupo; otra opción es copiar esas notas en un documento o editar la foto para que el resultado sea más inteligible.

- No olvides presentar las ideas y conceptos bien organizados, para que resulten comprensibles. Así, si alguien hace una foto de la pizarra al acabar la reunión podrá tener una idea general de los temas tratados.

- Durante las sesiones de tormenta de ideas, anota todas las propuestas que surjan. Luego subraya, marca o destaca de algún modo las que el grupo haya considerado prioritarias o hayan generado un debate más productivo.

- Apunta al margen o en otra parte de la pizarra la lista de temas que quedan por discutir. Este es un método muy útil para mantener el rumbo de la reunión cuando surgen preguntas o debates complejos.

Procura que todos los puntos de vista se tengan en cuenta

Como líder, debes garantizar que todos los asistentes participen en la reunión, aunque solo sea para que no pierdan el hilo. Además, así contarás con mucha información relevante que te ayudará a tomar decisiones y evitarás que algunos participantes se marchen con la insatisfacción de creer que no se valora su opinión. Por eso debes fomentar que se dé *feedback* con regularidad, de forma ideal durante las pausas o al terminar cada punto del orden del día.

Te ofrecemos ahora algunos métodos para fomentar el *feedback* de los asistentes:

- Cada cierto tiempo, haz preguntas del tipo: «¿Hemos olvidado algo?».

- No dejes que algunos participantes acaparen el debate. Puedes decir: «Gracias por tu aportación, Carlos. Ahora escuchemos a alguien que aún no haya dado su opinión». Procura siempre que las personas más tímidas tengan la oportunidad de hablar; por ejemplo, dirígete a ellas así: «Susan, aún no hemos oído lo que piensas. ¿Nos hemos dejado algún asunto pendiente?»; o «Tom, ¿qué te preocupa de este asunto?». Es cierto que a algunas personas les puede resultar incómoda una interpelación tan directa, pero es la manera más segura de conocer su punto de vista.

- Haz saber a los asistentes que te gustaría conocer su opinión después de la reunión, es decir, cuando hayan tenido el tiempo suficiente para reflexionar sobre los temas tratados.

- Asegúrate de que los que participan de forma virtual tengan también la oportunidad de hablar. Además, los primeros cinco minutos de una reunión parcialmente virtual los puedes dedicar a mantener una charla informal con el grupo, en especial con quienes participan a distancia: pregúntales cómo están o comenta con ellos algún evento deportivo para romper el hielo; de este modo, crearás el ambiente adecuado para que contribuyan después, durante la reunión.

- Acuerda algún tipo de señal para que quienes asisten de manera virtual puedan reclamar su turno de palabra. Para alguien que no se encuentra en la sala puede ser problemático hablar, interrumpir o debatir con los demás porque no ve con claridad sus reacciones. Consulta también con estas personas los puntos relevantes del orden del día para conocer su opinión. (En el epígrafe «Cómo dirigir distintos tipos de reunión» se trata con más detalle este aspecto).

- Si en la reunión hay doce participantes o más, divídelos por parejas o tríos y pide a cada grupo que elabore un breve informe sobre un tema del orden del día. Puedes solicitarles que seleccionen los dos asuntos principales que deben abordarse, o bien que expliquen cómo repartirían la carga de trabajo. De este modo, incluso las personas más tímidas, que no se suelen atrever a participar en grupos numerosos, pueden dar su opinión abiertamente en un contexto más reducido.

- Pide a alguien que haga de «abogado del diablo» (o asume tú ese papel) para garantizar que se exponen diferentes puntos de vista. Es fundamental que los participantes te consideren una persona abierta a las aportaciones y que no permitas que nadie boicotee las contribuciones del resto. Si esto ocurre, recuérdale a esa persona que te interesa recabar todas las ideas que surjan y que todas ellas son válidas.

- Cuando se esté tratando un tema que puede afectar de manera personal a ciertos participantes, presta atención al lenguaje corporal de cada cual, porque es posible que alguien exprese con ello que quiere dar su opinión. Cuando esto ocurra, establece contacto visual con esa persona y asiente con la cabeza, para que sepa que eres consciente de que quiere hablar y que podrá hacerlo en cuanto sea posible. De este modo, además, ese participante podrá concentrarse en lo que quiere decir en lugar de estar pendiente de buscar el momento para intervenir.

- Reserva un tiempo para que el grupo reflexione sobre el tema que se esté tratando. No tengas prisa por votar o tomar una decisión nada más terminar un debate. Es posible que, al cabo de un rato, alguien quiera hacer alguna aportación más que podría contribuir al resultado. Simplemente diles que la decisión se tomará más adelante y pasa al siguiente tema.

- Por último, nunca olvides la regla de oro para gestionar a un grupo de personas: los elogios se hacen en público y las críticas en privado.

Cómo gestionar la multitarea durante la reunión

Procura que los asistentes, tanto si se encuentran en la sala como si asisten de forma virtual, no hagan nada más durante la reunión, como consultar el correo electrónico, navegar por internet o responder mensajes. Si alguien no presta toda su atención a lo que ocurre durante la reunión, quizá pase por alto ciertos asuntos importantes. Además, para el grupo es contraproducente ver a algunos de sus colegas enfrascados en otras actividades ajenas al motivo de la reunión.

Explica siempre que el éxito de la reunión va a depender de la concentración de cada miembro del equipo. Por eso, como líder, tú tampoco puedes bajar la guardia: da ejemplo y no estés pendiente del teléfono.

En el caso de que la multitarea sea un problema recurrente en tus reuniones, considera prohibir el uso de dispositivos electrónicos durante su desarrollo. De todos modos, la mejor estrategia para generar un ambiente positivo en una reunión es el humor. Ese fue el caso de una empresa que implantó un sistema de sanciones creativo e informal: inventaron una ruleta cuya aguja, al girar sobre el eje, determinaba el «castigo» para los infractores; el abanico de sanciones iba desde pequeñas multas hasta tareas como limpiar la cafetera de la oficina durante una semana.

De todos modos, hoy en día, limitar el uso de dispositivos electrónicos en una reunión resulta complicado, por el uso generalizado de portátiles y otras herramientas que facilitan el trabajo. Además, hay veces en que dicho uso está justificado, por ejemplo, para tomar notas o para buscar en internet información relacionada con el tema que se esté tratando. Así que tendrás que basarte en tu propio criterio para decidir si un participante se está comportando o no de forma correcta en este sentido.

En última instancia, tú has organizado la reunión y has decidido quién debía asistir; cada participante tiene una función y es justo que garantices que todos prestan atención y aportan sus puntos de vista.

Cómo concluir la reunión

Dar por terminada una reunión no tiene por qué ser un proceso largo, pero sí es importante establecer qué debe hacerse a continuación. Necesitas escoger el tono adecuado —para que los asistentes no pierdan la motivación y mantengan el entusiasmo en el proyecto— y dejar claro qué acciones llevar a cabo a partir de ese momento para alcanzar los objetivos.

Empieza haciendo un breve resumen de la sesión. Esta función la puedes asumir tú u otro participante.

Luego repasa los puntos clave que se han abordado, las decisiones y los siguientes pasos, y adjudica a los participantes la responsabilidad sobre cada tarea. No olvides consultar con la persona encargada de levantar el acta si has pasado algo por alto; es la mejor manera de no dejar cabos sueltos y resolver malentendidos.

Por último, da algún mensaje motivacional, del tipo: «Buen trabajo, muchas gracias por venir. Ha sido una reunión muy productiva gracias a la participación de todo el mundo».

Y eso es todo. Puedes sentirte orgulloso, la reunión ha finalizado con éxito. Aun así, no olvides que esta tarea será cada vez más llevadera a medida que adquieras experiencia; pero ahora ya tienes una base sobre la que empezar a trabajar.

El día después: el seguimiento de los resultados

El día después: el seguimiento de los resultados

Una vez finalizada la reunión, tu trabajo como líder no ha acabado: debes garantizar que las decisiones adoptadas se pongan en práctica.

Hoja de seguimiento o memorando

Después de cada reunión debes redactar un memorando para informar a sus participantes y a cualquier otro interesado acerca de las decisiones adoptadas, así como para asegurarte de que todo el mundo entiende igual los resultados de la reunión. En una ocasión, uno de los grandes teóricos de la gestión, Peter Drucker, dijo que el famoso director general de la General Motors, Alfred P. Sloan, llegó a ser un excelente ejecutivo gracias a los informes claros y detallados que hacía al finalizar las reuniones.

Pero ¿cómo se redacta un buen memorando? En primer lugar, debes explicar con detalle lo que se ha decidido, basándote para ello en los puntos de la pizarra y en las notas que hayas tomado durante la reunión, o las que haya apuntado el secretario. Lo fundamental es que, leyendo ese documento, cualquier persona que no haya estado presente pueda entender lo que ocurrió.

A grandes rasgos, una buena hoja de seguimiento incluye tres elementos básicos: qué, quién y cuándo.

- El *qué* son los resultados concretos de la reunión y las tareas que deben llevarse a cabo. Si se ha decidido algo de importancia, hay que explicar los detalles para que todo el mundo pueda entender cómo se llegó a esa resolución. Así, el texto debe incluir esta información:

  - La definición del problema

– El método de análisis

– Las alternativas consideradas

– Los criterios que se tuvieron en cuenta para decidir

– La decisión adoptada

– Las tareas que deben llevarse a cabo

– El resultado que se espera

- *Quién* se refiere a las personas con la responsabilidad de garantizar que se cumplan las tareas. Si alguien se ha comprometido de manera voluntaria a alguna acción, es más probable que esta se haga. Aun así, puedes asignar algunas tareas una vez finalizada la reunión, incluso si eso no se discutió en grupo.

- *Cuándo* tiene que ver con los plazos para el cumplimiento de las tareas. En este sentido, haz un plan realista para que los asistentes se comprometan de verdad a cumplir con lo acordado. Incluye, además, la fecha de la próxima reunión, marca en el calendario los plazos de entrega y recuerda a cada responsable que esperas tener noticias suyas antes de la fecha límite; es más probable que la gente se organice si es consciente de que hay un seguimiento riguroso del proyecto. Por último, agradece a los asistentes su esfuerzo: deben tener claro que sientes orgullo por su trabajo.

Así pues, formúlate estas tres preguntas (qué, quién y cuándo) y en función de ellas redacta un breve memorando, de una hoja como máximo. No debería llevarte mucho tiempo, el secreto es resumir las decisiones clave y en quién recae la responsabilidad de cumplir cada una.

En lo referente a la estructura, si tu memorando debe garantizar que se tomen las medidas acordadas, haz un breve resumen de la reunión y, antes de describir otro tipo de información, enumera individualmente quién asume cada una de las responsabilidades de seguimiento y los plazos de entrega. En la Figura 2 se muestra un ejemplo de una hoja de seguimiento.

Cuando lo tengas listo, envíalo a todos los participantes y también a las personas que no estuvieron, pero necesitan conocer las decisiones adoptadas en la reunión. Para el seguimiento de las tareas, mantén entrevistas informales con sus responsables y asegúrate de que han leído el memorando y conocen los puntos clave del proyecto.

Además, debes facilitar los recursos necesarios para que los asistentes puedan llevar a cabo las tareas resultantes de la reunión. Y, lo que es más importante, cumple con *tu* palabra: no dejes que los proyectos se atasquen, actúa conforme a las decisiones que se tomaron en la reunión y mantén a tu equipo motivado para que el ritmo de trabajo no decaiga.

FIGURA 2

Ejemplo de hoja de seguimiento o memorando

Plan especial de generación de ingresos: reorganizar la carga de trabajo.

Hoja de seguimiento
Asistentes: Emily, Lisa, Jack, Chris, Angela y Steve.
Objetivo de la reunión: desarrollar un plan para reorganizar la carga de trabajo de los responsables del proyecto.

En esta reunión hemos discutido distintas estrategias para aligerar la carga de trabajo de Chris y Angela. Hemos determinado que la mejor solución será pedir a la subalterna directa de Steve, Sarah, que asuma varias de las responsabilidades de aquellos.

Tareas por hacer:

- El próximo miércoles, Steve comunicará a Sarah este cambio y confirmará si puede asumir la carga de trabajo extra.
- Una vez que Sarah sea consciente de sus nuevas responsabilidades, Lisa enviará un correo a todo el equipo y Emily hará llegar una nota a los miembros del «Plan especial de generación de ingresos» para informar del cambio.
- Jack comunicará al equipo que ya no se encargará de enviar más informes de ventas.
- Chris y Angela mantendrán reuniones individuales con Sarah para ayudarla a asumir sus nuevas responsabilidades.

Qué	Cómo	Quién	Cuándo
Introducción	• Señalar la importancia del «Plan especial de generación de ingresos».		
	• Explicar el papel que desempeñan los miembros del equipo.		
Responsabilidades de los miembros del equipo	• Elaborar y enviar informes de ventas semanales; garantizar que el departamento de marketing cuenta con la información necesaria sobre los productos; gestionar la comunicación de las dos cuentas principales.	Chris	

Qué	Cómo	Quién	Cuándo
	• Buscar clientes potenciales para una línea de productos clave; conocer al dedillo la estrategia de ventas para esa línea de productos; gestionar la comunicación de las dos cuentas principales.	Angela	
Responsabilidades que los miembros del equipo no pueden delegar.	• Gestión de las cuentas importantes, puesto que se basan en relaciones de larga duración.		
Posibles soluciones	• Sarah quiere más responsabilidades. Puede encargarse de llevar la nueva línea de productos.		
	• Jack podría dejar de enviar los informes de ventas porque ahora están disponibles en la intranet de la empresa. Aun así, debe asesorar al equipo.	Jack	El próximo viernes
Decisiones sobre las soluciones	• Steve está de acuerdo en asignar más responsabilidades a Sarah. Debe hablar con ella.	Steve	El próximo miércoles
	• El equipo está de acuerdo con esta solución; Jack también.		
Próximos pasos	• Enviar un correo electrónico notificando los cambios al equipo de ventas y a los miembros del «Plan especial de generación de ingresos».	Lisa, Emily	Después de que Sarah hable con Steve
	• Empezar la formación de Sarah.	Chris, Angela	En un plazo de dos semanas

¿Cuáles han sido los resultados?

Una vez finalizado el proceso, la gran pregunta es: *¿ha sido útil la reunión?* Hacer esta reflexión sobre tu posición de líder te permitirá, sin duda, seguir creciendo. Por eso, si eres capaz de identificar los aspectos más problemáticos de la reunión, también podrás abordar de forma correcta sus consecuencias.

- *Evalúa los resultados.* ¿Lograste tus objetivos? ¿Convocaste a las personas idóneas y todas asistieron a la reunión? ¿Participaron de forma activa todos los asistentes? ¿Trabajaron en equipo? ¿El *feedback* de la reunión fue positivo?

- *Busca discrepancias.* Después de la reunión, reúnete en privado y de manera informal con los asistentes que te parecieron descontentos o que no participaron demasiado. Tal vez descubras algún detalle que no estaban dispuestos a compartir con el grupo, o bien obtengas información útil sobre el desarrollo de la reunión, los temas abordados, los objetivos o el plan de acción. Además, de esta forma también infundirás ánimos a esas personas y, como resultado, las relaciones en el seno del equipo mejorarán. Ten por seguro que, si prestas a todo el mundo la atención que merece, a su vez apreciarán tu dedicación y sobre todo sabrán que su punto de vista se considera relevante.

- *¿Qué puedes mejorar?* Cada reunión es una nueva oportunidad para incrementar tus habilidades. Si no ha ido como esperabas, siempre tendrás más ocasiones. Toma nota de los aspectos que podrías tratar de otro modo y tenlos en cuenta la próxima vez.

Hoja de verificación del seguimiento

Si has puesto todo tu empeño en cumplir los objetivos de la reunión, no lo eches a perder despreocupándote del trabajo posterior. La siguiente lista te puede ayudar a cerciorarte de que no has dejado ningún cabo suelto.

HOJA DE VERIFICACIÓN

☐ ¿Has elaborado un memorando que incluya las tres preguntas clave (qué, quién y cuándo)?

☐ ¿Se lo has entregado a todos los asistentes?

☐ ¿Apuntaste la fecha de cumplimiento de cada tarea en el calendario para poder hacer un seguimiento?

☐ Has enviado el memorando a todos los posibles interesados?

☐ ¿Has hablado con los responsables de cada tarea para confirmar que están al tanto de los asuntos más destacados de la reunión?

☐ ¿Has evaluado tu trabajo?

☐ ¿Y los resultados de la reunión?

☐ ¿Has indagado en la opinión de quienes no estaban conformes o se mostraron insatisfechos con la reunión?

☐ ¿Has analizado qué aspectos puedes mejorar en la siguiente reunión?

Cómo dirigir distintos tipos de reunión

Cómo dirigir distintos tipos de reunión

Existen miles de razones para celebrar una reunión. Aunque las pautas que ofrece este libro pueden aplicarse a la mayoría de ellas, algunos tipos específicos requieren diferentes estrategias. Por ejemplo, ¿tu objetivo es resolver un problema en concreto? ¿O necesitas tomar algún tipo de decisión? ¿Más bien debes reunir a gente que está desperdigada por el mundo? No hay problema. A continuación, trataremos estos casos con más detalle.

Reunión para la resolución de problemas

Una reunión es una de las formas más eficaces de lograr que todos los interesados en un tema traten de resolver juntos un problema que les afecta. Además, abordándolo de forma presencial hay más posibilidades de que las personas involucradas se sientan satisfechas y de que se atenúen las actitudes negativas, al tener la oportunidad de escuchar la opinión de todo el grupo. Un ejemplo sería cuando necesitas pedir a tu equipo que recorte gastos; puedes reunirlos, buscar entre todos las posibles soluciones y discutir también en conjunto cuáles son más viables.

Los principales aspectos a tener en cuenta cuando el objetivo de la reunión es resolver un problema son los siguientes:

1. Averiguar los distintos puntos de vista de los participantes sobre el problema.

2. Llegar a un acuerdo para la definición del problema.

3. Determinar cuánto tiempo lleva produciéndose y si aún se mantiene.

4. Precisar cuáles son, para el grupo, las causas del problema.

5. Estimar sus consecuencias futuras si no se resuelve.

6. Organizar una tormenta de ideas para encontrar posibles soluciones. Aclarar las ventajas y desventajas de cada opción.

7. Emplear un método eficaz para elegir una de las opciones. Se deben tener en cuenta factores como el tiempo y los recursos disponibles, las cuestiones económicas o las personas involucradas en la solución.

8. Llegar a un acuerdo o, al menos, alcanzar un mínimo consenso acerca de la solución más adecuada.

Está claro, no obstante, que algunos problemas son demasiado complejos o delicados para ser resueltos en una sola reunión —un ejemplo sería tratar de reducir los gastos de personal en un 25 % durante los próximos dos años—, pero al menos de esta forma se puede avanzar un tanto y sondear la opinión de todo el equipo. Además, una buena estrategia es encargar a alguien, después de la reunión, que investigue sobre las distintas soluciones propuestas y presente los resultados en el próximo encuentro.

Reunión de toma de decisiones

Las reuniones que tienen este objetivo pueden resultar hasta cierto punto difíciles, porque existe una fina línea entre plantearlas como un ejercicio colaborativo y tomar, al final, una decisión unilateral que puede resultar impopular. En cualquier caso, si convocas una reunión con este fin estarás transmitiendo a tu equipo que valoras sus ideas y opiniones. Por eso es determinante no hacerla si solo pretendes recabar información o convencer a los participantes de que den su visto bueno a una decisión tomada de antemano. Sin lugar a dudas, algo así resultaría frustrante para la mayoría de la gente.

En vez de eso, debes dejar claro qué método emplearás para la toma de decisiones, cuál es tu papel como líder y que tienes un gran interés en que el grupo sea partícipe de la decisión. Si antes de la reunión te tomas un tiempo para reflexionar sobre estos aspectos, todo funcionará sin grandes sobresaltos. Estas son las cuestiones que debes tener en cuenta para un caso así:

- Comunicar a todos los participantes que el propósito de la reunión es tomar una decisión. Eso garantizará su asistencia y también que se preparen bien, porque estarán en juego sus intereses personales.

- Explicar con detalle el método que seguirás para tomar la decisión: democrático, es decir, mediante el voto de la mayoría, por consenso, o bien considerando las distintas opiniones, pero tomando tú la decisión de manera unilateral.

- Comunicar a cada asistente sus derechos y deberes con antelación. En este sentido, es fundamental que la decisión se tome contando con toda la información relevante, además de con la opinión de algún experto. De lo contrario, se corre el riesgo de tomar una mala decisión, que se tendrá que reconsiderar más tarde o afrontar sus consecuencias.

Cómo tomar una decisión durante una reunión

A grandes rasgos, existen tres enfoques distintos para tomar una decisión en grupo. Como se indica en la Tabla 1, cada uno tiene ventajas e inconvenientes.

Las reuniones telemáticas

En la actualidad, las llamadas telefónicas, las videoconferencias y, en general, todo tipo de encuentros virtuales son cada vez más comunes. Si eres responsable de organizar una reunión con todos o parte de sus asistentes a distancia, tendrás que considerar los retos específicos

TABLA 1

Elegir un método de decisión

Método de decisión	Ventajas	Inconvenientes	¿Cuándo es útil?
Por voto mayoritario	• Permite tomar la decisión con cierta rapidez. • Se suele percibir como un método justo para tomar decisiones.	• Genera en público ganadores y perdedores. • Los «perdedores» se van con la sensación de que su opinión no se ha tomado en cuenta. • Es posible que no todo el mundo esté conforme.	Cuando la decisión afecta a un grupo grande de personas y no es crucial para el funcionamiento de la empresa, como sería el caso de la elaboración de los presupuestos o la estrategia a seguir con un cliente clave. En cambio, una decisión adecuada para tomarla por mayoría sería la manera de organizar las vacaciones del personal, estableciendo quién las elige primero.
Por consenso. Implica llegar a una decisión que todo el mundo entiende y apoya. Es posible que algunas personas sigan considerando otras opciones, pero un consenso auténtico se alcanza cuando todos los participantes están de acuerdo con un plan de acción.	• En general, se consigue una decisión consensuada y la implicación de todos los participantes. • Potencia el trabajo en equipo.	• No suele resultar fácil lograr un consenso si el grupo no está familiarizado con este proceso. • En general, requiere más tiempo que otros métodos de decisión. • Si no se alcanza el consenso, el proceso se puede estancar.	Las decisiones por consenso son recomendables cuando: • Cuando es sobre algo que requiere que todo el mundo lo comprenda y acepte. • Cuando implica contar con la experiencia del grupo para definir o aplicar la solución. • Cuando el grupo está acostumbrado a tomar decisiones de este modo. Por ejemplo, si necesitas que tu equipo modifique la estrategia de respuesta a las demandas de los clientes, para que esta se dé con más rapidez, está claro que todos sus miembros deben quedar convencidos de que el nuevo procedimiento es adecuado (incluso considerando sus inconvenientes) y de que, además, serán capaces de ponerlo en práctica. Pero si alguien cree que no se trata de una opción realista o viable, y no logras convencerlo de lo contrario, quizá este método de decisión no sea el más acertado.

(continuación)

Método de decisión	Ventajas	Inconvenientes	¿Cuándo es útil?
Por decisión unilateral del líder	• Es el método más rápido para tomar decisiones y el mejor cuando no hay apenas margen de tiempo. • Los participantes respetarán la decisión del líder si entienden las razones por las que ha llegado a ella.	• Los participantes pueden interpretar que su punto de vista no se tiene en cuenta, en especial si previamente han podido dar su opinión. • La aceptación por parte de los participantes es menor que con los otros métodos.	Una de las principales funciones de un líder es saber cuándo y cómo tomar decisiones difíciles. A veces, el grupo no es capaz de ponerse de acuerdo ni de llegar a una decisión por mayoría. Entonces su líder debe tener la capacidad de tomar la decisión y luego lograr que se cumpla. En un caso así, si la reunión ha transcurrido de forma adecuada, tu equipo entenderá que has valorado su opinión y apoyará la decisión que tomes, incluso si hay otras opciones sobre la mesa. Por ejemplo, cuando la carga de trabajo se incrementa y ningún trabajador cree que pueda asumir más responsabilidades, es poco probable llegar a un consenso, porque alguien deberá ceder y comprometerse a hacer más tareas. Debes entonces escuchar a cada miembro del equipo y luego asignar el trabajo a aquellos que, en tu opinión, puedan gestionarlo mejor.

que implica y garantizar una comunicación correcta con esas personas, para que no sientan que se les excluye.

Pese a que no todo el mundo esté en la misma sala, nada impide que la reunión transcurra con normalidad y obtenga buenos resultados. En realidad, es una forma ideal de optimizar el tiempo y potenciar el trabajo en equipo de quienes no tienen un contacto diario. Y es que la tecnología, bien empleada, promueve la colaboración: existen herramientas para crear una pizarra virtual, votar de forma anónima o abrir una sala de chat, por poner solo algunos ejemplos.

No obstante, recuerda que una reunión virtual no tiene por qué ser informal. Precisamente, su naturaleza exige que se prepare con sumo cuidado.

A continuación, te ofrecemos algunos consejos para que este tipo de reunión sea lo más productiva posible:

- *Usa un medio de comunicación audiovisual.* Si los asistentes en remoto solo están conectados por teléfono, no podrán participar del todo. Aunque su predisposición sea excelente, es muy fácil que pierdan la concentración si nadie está viendo lo que hacen. También es posible que no intervengan con comodidad si son conscientes de que solo se les oye por un altavoz. Así que, siempre que sea posible, opta por una herramienta audiovisual, que además permite interpretar las reacciones y el estado de ánimo de todo el mundo. Y es que no hay nada más embarazoso que responder de forma inapropiada a un comentario porque no se ha entendido si era en serio o en broma.

- *No permitas que nadie silencie el audio.* Si algunos participantes lo hacen, pueden surgir silencios incómodos y, lo más problemático, dificulta que haya un debate espontáneo. Es obvio que si algún asistente está en un ambiente ruidoso, como un aeropuerto, silenciar el audio puede ser útil, pero esos casos deberían ser la excepción y no la regla.

- *Evita que la reunión se divida entre oradores y oyentes.* Mantener a todos los asistentes involucrados en un debate es uno de los aspectos más importantes de una reunión de este tipo. Utiliza como consideres oportuno los consejos del capítulo anterior, «Cómo dirigir una reunión», de modo que puedas recabar el punto de vista de todo el mundo. No permitas, por ejemplo, que quienes asisten de forma presencial monopolicen la conversación o sean los únicos que asuman determinadas funciones delegadas; lo mejor es asignar las responsabilidades (moderador/a, secretario/a, etc.) con antelación u organizarlas de forma rotatoria para que todos puedan participar e implicarse en igual medida.

- *Opta por las reuniones totalmente telemáticas.* La dinámica de una reunión puede verse afectada si parte de los asistentes están juntos en el mismo lugar y pueden interactuar entre sí. En caso de que, por ejemplo, solo una persona vaya a asistir de forma virtual y corra el riesgo de quedarse aislada, es mejor que la reunión se celebre por completo bajo esta modalidad. Así nadie tendrá el privilegio de mantener conversaciones privadas o de captar mejor las expresiones y gestos de sus compañeros.

Casos en los que una reunión telemática no es apropiada

Pero tampoco reunirse en modo virtual es siempre la mejor opción. Por ejemplo, si el tema por tratar puede influir de manera directa en las condiciones laborales de los trabajadores (sobre todo si son malas noticias) es mejor mantener encuentros individuales y, en la medida de lo posible, presenciales. A nadie le gusta escuchar decisiones que afectan a su futuro sin estar presente, es demasiado impersonal.

También puede suceder que tu empresa te obligue a reducir la plantilla, pero que no tengas que despedir a nadie de tu equipo; entonces puedes comunicar la decisión en una reunión colectiva, con todo el equipo en la sala —si falta alguien, contacta con esa persona justo después—. Lo importante es no dar de este modo la noticia al personal que se vaya a ver afectado directamente por la decisión.

Otro caso en el que las reuniones virtuales pueden no ser adecuadas son las sesiones de tormenta de ideas o aquellas en las que el objetivo es trabajar con la creatividad de los asistentes. Es mejor celebrar este tipo de reuniones con todo el mundo en la misma sala para lograr la energía adecuada. Pero no es necesario hacerla en las instalaciones de la empresa; puedes organizar, por ejemplo, un viaje o una jornada lúdica en otro lugar. Lo fundamental es que siempre, antes de elegir el formato para una reunión, pienses cuál será más eficaz para alcanzar tus objetivos.

Qué hacer cuando una reunión bien planificada va mal

Qué hacer cuando una reunión bien planificada va mal

Por desgracia, incluso si has seguido al pie de la letra los consejos de este libro para que tu reunión sea productiva, esta puede dar lugar a resultados negativos. Al fin y al cabo, se trata de gestionar a seres humanos; no existe para ello una fórmula que garantice el éxito.

En todo caso, la mejor manera de afrontar un problema es solucionarlo antes de que ocurra. Por ejemplo, piensa quiénes serán los participantes más propensos a causar problemas. ¿Alguien de tu equipo es un poco bocazas? Incluye en su convocatoria una sugerencia para que limite sus comentarios a los temas que se tratan en la reunión. ¿Hay una persona que suele mostrarse crítica con todos los asuntos que se debaten? Puedes pedirle antes de la reunión que centre sus comentarios en aspectos positivos.

¿Qué hacer si...?

Las siguientes técnicas de intervención pueden usarse como un primer recurso para que el grupo (o un individuo en concreto) no pierda el rumbo que debe seguir la reunión.

Algunos asistentes llegan tarde o abandonan la reunión antes de tiempo

- Comienza y acaba las reuniones siempre a la hora acordada. El resto de la gente acabará respetando los horarios si tú también lo haces.

- Asigna a quienes suelen llegar tarde alguna tarea durante la reunión; lo normal es que nadie con alguna responsabilidad quiera retrasarse y quedar en evidencia ante los demás.

- Al inicio de la reunión, pregunta si todo el mundo puede quedarse hasta el final. Si no es así, intenta ajustar su duración. Siempre es mejor acabar más temprano que sufrir algunas «deserciones» antes de tiempo.

- Después de la reunión, y en privado, pregunta a quienes no se presentaron sus razones para no asistir; averiguando los motivos de esa conducta tal vez puedas ponerle remedio en el futuro.

Si un participante monopoliza el debate

- Si en ese momento estás de pie, acércate a esa persona; de este modo, atraerás la atención del grupo hacia ti.

- Agradece en voz alta su aportación y solicita la opinión del resto.

- Si esa persona tiene la costumbre de terminar las frases de los demás, pídele con amabilidad que no interrumpa.

- Propón a los asistentes que intercambien los papeles que desempeñan en la reunión. De este modo, los más tímidos se mostrarán más activos y quienes suelen acaparar la palabra guardarán silencio.

- En caso de que haya personas que se dedican a interrumpir de manera recurrente, aprovecha algún descanso para pedirles que apunten sus ideas y más adelante, en otra pausa, escucharás todo lo que tengan que decir.

El grupo se atasca en puntos que ya se han debatido

- Anota los temas del orden del día en la pizarra.

- Utiliza la estrategia de la «escucha activa», es decir, responde a las intervenciones con frases del tipo: «Lo que quieres decir es...», y añade a continuación un breve resumen de su aportación.

- Cuando alguien comience a repetir una idea que ya se ha discutido, escríbela en la pizarra y di algo así como: «Parece que ya hemos tratado este asunto. ¿Hay algún punto de vista nuevo? ¿Quieres añadir algo más?».

- Si no logras dejar un tema atrás, puedes zanjar la cuestión diciendo: «Entiendo que este asunto es clave para el grupo; abordémoslo de nuevo para encontrar una solución».

Los participantes interrumpen todo el tiempo

- Explica las normas de conducta antes de empezar.

- Pregunta su opinión a todo el mundo, incluyendo a quienes no dejan de interrumpir.

- Intenta enfocar el tema mediante frases como: «Nuestro objetivo hoy es definir la estrategia para el próximo año. ¿Podemos centrarnos en esta cuestión, por favor?».

- Procura relacionar entre sí los temas del orden del día. También, si tienes claro lo que hay que discutir, pero adviertes que alguien no está prestando atención, pregúntale si es capaz de establecer esa relación. Puede que así surja un punto de vista nuevo, que no habías considerado. Si se da el caso, deja que el grupo decida en qué medida esa idea es relevante; si, en cambio, crees que la aportación carece de importancia en este momento, di que se tratará más adelante, en otra reunión.

- Si las interrupciones no cesan, haz un descanso y pregunta a los participantes, uno por uno, qué está ocurriendo. Pídeles, en cualquier caso, que dejen de hacerlo y asegúrales que más adelante abordarás cualquier tema del que necesiten hablar.

El grupo no avanza o se muestra confundido respecto a un tema concreto

- Pregunta en voz alta qué está ocurriendo o si hay algo que no entienden por falta de información.

- Recuérdales los temas por tratar y los objetivos de la reunión. Pregunta si hay algún punto que creen que no ha salido aún.

- Haz un pequeño descanso y, a la vuelta, retoma el tema o aplázalo para la próxima reunión.

- Si todo lo demás falla, elimina el asunto polémico del orden del día. No hace falta que todo se solucione en una sola reunión, no se trata de ser superhéroes. Tu objetivo es lograr que la reunión sea productiva; si alguna cuestión no está madura para discutirla en el grupo, es mejor quitarla del orden del día y buscar la forma de afrontarla más adelante.

El grupo se mantiene en silencio

- Deja que el silencio se prolongue durante un minuto. Es posible que tu equipo necesite más tiempo para reflexionar sobre una idea o para sacar sus propias conclusiones. Aunque puedas responder enseguida, aprovecha ese silencio para reflexionar tú también. Los comentarios más productivos suelen venir de aquellos individuos que se toman un tiempo para organizar sus respuestas. Por tanto, no tengas miedo del silencio.

- Dirígete al grupo en los siguientes términos: «Veo que este tema resulta confuso. ¿Alguien puede decirme qué está pasando?».

- Pregunta si necesitan que aclares alguna cuestión o si estás pasando algo por alto.

- Piensa si *tu* planteamiento puede estar siendo el problema. ¿Tal vez te has dejado llevar por tu opinión o por una idea preconcebida?

- Pregunta al grupo si hay algún tema que todos evitan discutir a pesar de que es importante.

- Haz un pequeño descanso —de no más de cinco minutos, porque es fácil que la gente se desconcentre si la pausa dura demasiado tiempo— para reenfocar el tema en cuestión y hallar una nueva forma de hablar sobre él. Aun así, recuerda que después habrá que retomarlo y resolverlo.

- Si la gente parece agotada, plantéate dar por terminada la reunión y busca otra fecha para abordar los temas pendientes.

Hay un elefante en la habitación...

A veces, la gente se muestra reacia a tratar algún tema en particular porque teme hablarlo abiertamente. Si no lo sabes con seguridad, puedes hallar alguna pista en sus reacciones: por ejemplo, si todos se quedan mirando sus cuadernos y evitan el contacto visual; si intercambian miradas furtivas; o si empiezan a hablar y no terminan la frase. Las causas de esa conducta de evitación pueden ir desde que el asunto les resulte demasiado difícil hasta que sea un tabú, pasando por que piensen que, si se habla de ello, les supondrá más trabajo. Por ejemplo, si tu equipo sabe que romper la relación con un determinado proveedor resuelve un problema, pero que, como resultado, deberán empezar de cero con un nuevo proveedor, es posible que no quieran sacar el tema a relucir. También puede ocurrir que les preocupe una reducción de plantilla inminente y no puedan concentrarse en la reunión a pesar de que ningún punto del orden del día esté relacionado con esa cuestión.

Si sospechas que hay algún problema emocional detrás del comportamiento inadecuado de algunos miembros de tu equipo, lo mejor es abordarlo de forma individual, es decir, mediante una conversación privada donde la persona afectada pueda expresarse con libertad. No obstante, si el caso no es de una naturaleza tan sensible, afróntalo durante la reunión e intenta que todo vuelva a la normalidad lo antes posible. A continuación, te ofrecemos algunos consejos aplicables a situaciones como esta:

- Si sabes cuál es el problema, plantéalo para que el grupo reaccione. Luego pregúntales cómo lo ven ellos: indaga sobre los orígenes del problema, las personas implicadas y las consecuencias que está teniendo. No olvides agradecer a los participantes el valor que tienen por sacar a la luz un tema polémico o arriesgarse a exponer un punto de vista diferente. Así fomentarás la idea de que el debate constructivo es el método más adecuado para hallar soluciones.

- Haz saber a los participantes en la reunión lo importante que es expresar todas las dificultades, opciones y puntos de vista, incluso si son difíciles de tratar. En otras palabras, nunca «mates al mensajero»; culpar al portador de malas noticias es un impulso humano muy común, pero nada acertado. En vez de eso, alaba su valentía por atreverse a plantear un tema tan complicado.

Por otra parte, si durante la reunión sale a relucir un conflicto grave:

- Interrumpe de inmediato cualquier disputa.

- Si es necesario, detén la reunión y habla con los «contendientes» de manera individual.

- Es importante que todos los asistentes sepan que es positivo implicarse en un tema, pero deja claro que quienes no puedan controlar su temperamento no tienen cabida en la reunión.

- Repite las normas de comportamiento que expliqué al inicio de la sesión.

- Fomenta los comentarios positivos y constructivos, pero acepta todos los puntos de vista sobre un tema polémico.

- Concéntrate en las ideas o los conceptos que contienen las opiniones, no en la forma de expresarlas o en el lugar que ocupa esa persona en la jerarquía de la empresa.

- Evita que los participantes juzguen las ideas de los demás demasiado rápido. Por ejemplo, si algunos miembros del equipo siempre critican las opiniones de otros, puedes decir: «Un momento, eso solo es una idea, no la desechemos tan pronto. Dejadme apuntarla y luego la analizaremos con detenimiento».

- Sondea el margen de movimiento que pueden tener quienes parecen atrincherados en una postura; así dispondrás de más herramientas para resolver el problema. Por ejemplo, diles algo así como: «Vamos a considerar otras opciones. ¿Qué pasaría si tu equipo aceptara asumir estas nuevas responsabilidades?».

- Como último recurso, si el problema persiste, invita a abandonar la sala a los participantes más polémicos. Más adelante tendrás tiempo de comunicarles las decisiones que se han tomado en la reunión.

Y recuerda que, como líder, tienes la responsabilidad de garantizar que el tiempo que se dedica a ese encuentro sea productivo y que se genere un debate saludable y provechoso. Prepárate para cualquier imprevisto que se presente, pero nunca pierdas la calma. Recuerda que el objetivo principal de una reunión es que sea productiva y que todos los miembros del equipo puedan tener un debate positivo.

Para saber más

Artículos breves

Ashkenas, Ron. «Why We Secretly Love Meetings: The Status and Social Drive Beyond the Agenda». *Harvard Business Review Blog Network*, 5 de octubre de 2010.

Normalmente, nos centramos en los aspectos negativos de una reunión. Ashkenas nos recuerda el pequeño y oscuro secreto que explica por qué nos *gustan* las reuniones, y nos cuenta por qué son valiosas desde una perspectiva social.

Silverman, David. «The 50-Minute Meeting». *Harvard Business Review Blog Network*, 6 de agosto de 2009.

Si los estudiantes son capaces de recuperar la atención entre clase y clase, ¿por qué no actuamos del mismo modo en las reuniones? Los consejos de Silverman para explicar esta forma de «viajar en el tiempo» para organizar tus reuniones es fácil de entender. Además, este artículo incluye comentarios de los lectores que ofrecen aún más consejos sobre la forma de gestionar el tiempo.

Trapani, Gina. «Extreme Ways to Shorten and Reduce Meetings». *Harvard Business Review Blog Network*, 20 de julio de 2009.

En ocasiones, los métodos tradicionales no proporcionan suficiente ayuda para que las reuniones sean breves y sencillas. Trapani sugiere algunas tácticas más agresivas para mantener un ritmo elevado durante una reunión, y para elegir su duración adecuada.

Libros

Dunne, Patrick. *Running Board Meetings (3rd Edition): How to Get the Most from Them.* London: Kogan Page Ltd., 2005.
Este libro ofrece métodos sencillos para que las juntas de administración aprovechen el tiempo de forma más provechosa en sus reuniones.

Hass, Kathleen B., y Alice Zavala. *The Art and Power of Facilitation: Running Powerful Meetings (Business Analysis Essential Library).* Viena, VA: Management Concepts, Inc., 2007.
Este libro ofrece consejos específicos para aquellas reuniones donde los analistas de negocios necesitan exponer la recopilación de requisitos.

Pittampalli, Al. *Read This Before Our Next Meeting: The Modern Meeting Standard for Successful Organizations.* Do You Zoom, Inc./The Domino Project Powered by Amazon, 2011.
Pittampalli está insatisfecho con la forma de gestionar las reuniones en el mundo actual, que, por lo demás, es muy acelerado. Por eso, establece una serie de nuevas reglas para la celebrar una «reunión moderna». Por ejemplo, siempre deben comenzar y terminar a tiempo, rechazar aquellos asistentes que no están preparados y nunca deben servir para tomar decisiones.

Bibliografía clásica

Davis, Alison, y Kristi Droppers. «How Effective a Facilitator Are You?» *Harvard Management Communication Letter*, enero de 2000.
   Este cuestionario de autoevaluación desacredita algunos mitos populares sobre la celebración exitosa de una reunión. Las mejores reuniones se producen en un entorno sin jerarquías en el cual los asistentes pueden hablar libremente, y la conversación está marcada, pero no estrictamente controlada.

Doyle, Michael, y David Strauss. *How to Make Meetings Work*. Nueva York: Berkeley Publishing Group, 1993.
   Doyle y Strauss se centran en la importancia de papel del facilitador en las reuniones, y en el valor de los consensos para mejorar la toma de decisiones. Este libro aborda los fundamentos universales de la dirección de reuniones, así como los puntos importantes sobre la gestión de las dinámicas interpersonales y de grupo.

Hattersley, Michael. «Managing Meeting Participation». *Harvard Management Communication Letter*, febrero de 1999.
   La mayoría de los directivos pasa gran parte de su tiempo entre reuniones. Pero ¿son todas esas reuniones necesarias? Empieza a pregúntate cuál es el propósito de una reunión, qué puntos incluye el orden del día y qué resultados se esperan de ella.

Morgan, Nick. «The Effective Meeting: A Checklist for Success». *Harvard Management Communication Letter*, marzo de 2001.
   Las reuniones se han convertido en el blanco de las bromas empresariales porque, con demasiada frecuencia, se consideran como una oportunidad para dormir la siesta. Pero una «reunión

productiva» no tiene por qué ser un oxímoron. Si sigues esta lista de consejos, lograrás que tus reuniones cosechen elogios y resultados provechosos, en lugar de bostezos y murmuraciones llenas de insatisfacción. Este libro incluye un apartado que se titula «Cambia la imagen de tus reuniones regulares» que ofrece consejos específicos para mejorar las reuniones de este tipo.

Fuentes

Ferrazzi, Keith. «Five Ways to Run Better Virtual Meetings.»
HBR Blog Network. 3 de mayo de 2012. http://blogs.hbr.org/
cs/2012/05/the_right_way_to_run_a_virtual.html.

Harvard Business School Publishing. Harvard ManageMentor.
Boston: Harvard Business School Publishing, 2002.

Harvard Business School Publishing. HBR Guide to Making
Every Meeting Matter. Boston: Harvard Business Review
Press, 2011.

Harvard Business School Publishing. Pocket Mentor: Running
Meetings. Boston: Harvard Business School Press, 2006.

Mankins, Michael C. «Stop Wasting Valuable Time». *Harvard
Business Review*. Setiembre de 2004 (producto #R0409C).

Schwarz, Roger. «Dealing with Team Members Who
Derail Meetings» *HBR Blog Network*. 20 de setiembre de 2013. http://blogs.hbr.org/2013/09/
dealing-with-team-members-who-derail-meetings/.

Índice

Índice

Índice

Índice